MIS
TRÄU

Roger Ho

Rieder Bilderbücher

Dies ist die Geschichte von Mister Träumer.

Wie der aussieht, wisst ihr ja schon. Ihr habt ihn auf dem Titelbild gesehen.

Und dies ist auch die Geschichte von einem kleinen Jungen namens Jakob.

Und weil ihr noch nicht wisst, wie er aussieht, ist hier ein Bild von ihm.

Jakob war eigentlich ein sehr braver Junge.

Er aß immer seinen Teller leer.

Er ging immer zu Bett, wenn er sollte.

Er vergaß nie, „Bitte“ und „Danke“ zu sagen.

Aber Jakob war ein Träumer!

Wenn er über eine bestimmte Sache nachdenken sollte, schweiften seine Gedanken ab und er dachte an etwas ganz anderes.

Er träumte vor sich hin …

Besonders schlimm war es in der Schule.

Eines Tages saß er an seinem Pult und hörte dem Lehrer zu, der gerade über Geschichte sprach.

Es war ein warmer Tag und Jakob war froh, dass sein Platz im Klassenzimmer weit hinten neben dem offenen Fenster war.

Plötzlich bemerkte Jakob aus dem Augenwinkel heraus auf der Wiese vor der Schule etwas Seltsames.

Etwas Blaues!

Es war ein kleines, wolkenförmiges Kerlchen.

Jakob traute seinen Augen nicht.

Das Kerlchen sah ihn an, lächelte und winkte ihm zu.

Jakob schaute zu seinem Lehrer, der immer noch redete.

Dann stand er auf, so leise er nur konnte, und schlüpfte zum Fenster hinaus.

Er ging über die Wiese auf das seltsam aussehende, wolkenförmige Wesen zu.

„Hallo“, sagte er. „Wer bist du?“

„Ich bin Mister Träumer“, erwiderte das Wolkenwesen. „Wie heißt du?“

„Jakob“, sagte Jakob.

„Ich bin auf der Suche nach einem Abenteuer“, sagte Mister Träumer. „Hast du Lust, mitzukommen?“

„Oh ja, bitte!“, erwiderte Jakob.

„Na wunderbar“, sagte Mister Träumer, steckte zwei Finger in den Mund und stieß den lautesten Pfiff aus, den Jakob in seinem Leben gehört hatte.

Ein riesiger Vogel schwebte vom Himmel herab und landete direkt neben Jakob und Mister Träumer.

„Komm mit!“, sagte Mister Träumer und kletterte auf den Rücken des Vogels.

Jakob kletterte ebenfalls hinauf. Der Vogel war riesengroß und es gab reichlich Platz für sie beide.

„Halt dich fest!“, rief Mister Träumer.

Jakob hielt sich fest.

Der Riesenvogel schlug ein paar Mal mit den Flügeln und schon waren sie hoch in der Luft.

Sie flogen schnell und immer schneller über die Landschaft dahin.

Es ging über Felder und Höfe und Städte und Hügel und Bäume und Täler, bis sie weit, sehr weit von Jakobs Schule entfernt waren.

Es war herrlich!

Mister Träumer drehte sich zu Jakob um.

„Würdest du gerne mal nach Afrika kommen?“, rief er.

Sie flogen jetzt sehr schnell. Jakob nickte mit dem Kopf und hielt sich fest, so gut er konnte.

Und sie flogen und flogen. Bis zum Meer und darüber hinweg.

Plötzlich, nach nicht einmal besonders langer Zeit, lag unter ihnen Afrika.

Der Vogel landete in einer Lichtung mitten im Dschungel und Jakob und Mister Träumer stiegen ab.

Es war sehr heiß!

„Komm mit!“, sagte Mister Träumer zu Jakob. „Wir sind jetzt Forscher!“

Sie machten sich auf und bahnten sich ihren Weg durch den Dschungel.

Plötzlich sahen sie mitten auf einer Lichtung einen Elefanten stehen.

„Hallo, Mister Träumer!“, trompetete der Elefant. „Soll ich euch ein Stückchen mitnehmen?“

„Ja, bitte!“, erwiderte Mister Träumer und der Elefant streckte seinen Rüssel aus, hob Mister Träumer hoch und setzte ihn sich auf den Rücken. Dann streckte er den Rüssel ein zweites Mal aus, hob Jakob hoch und setzte ihn sich ebenfalls auf den Rücken.

Sie waren sehr hoch oben!

Der Elefant trug sie durch den Dschungel bis zu einem Fluss.

Dort setzte er sie sachte auf dem Boden ab, verabschiedete sich und trottete zurück in den Dschungel.

„Wie sollen wir denn jetzt über den Fluss kommen?“, wollte Jakob von Mister Träumer wissen.

„Vielleicht kann ich ja hilfreich sein“, hörte man eine eigenartig ölige Stimme aus dem Fluss herauf krächzen.

Sie schauten sich um und da war ein Krokodil!

„Benutzt einfach meinen Rücken als Brücke!“, schlug das Krokodil vor.

Das war sehr praktisch!

Sie hatten den Fluss auf dem Krokodilrücken schon zur Hälfte überquert, als das Krokodil sein Maul aufriss und ein schreckliches Grinsen zeigte. Man sah nur noch Zähne!

Dann schlug es ein paar Mal kräftig mit seinem gewaltigen Schwanz, schoss Jakob und Mister Träumer in die Luft hinauf, sperrte seinen schrecklichen Rachen weit auf und wartete.

Es war sehr gruselig!

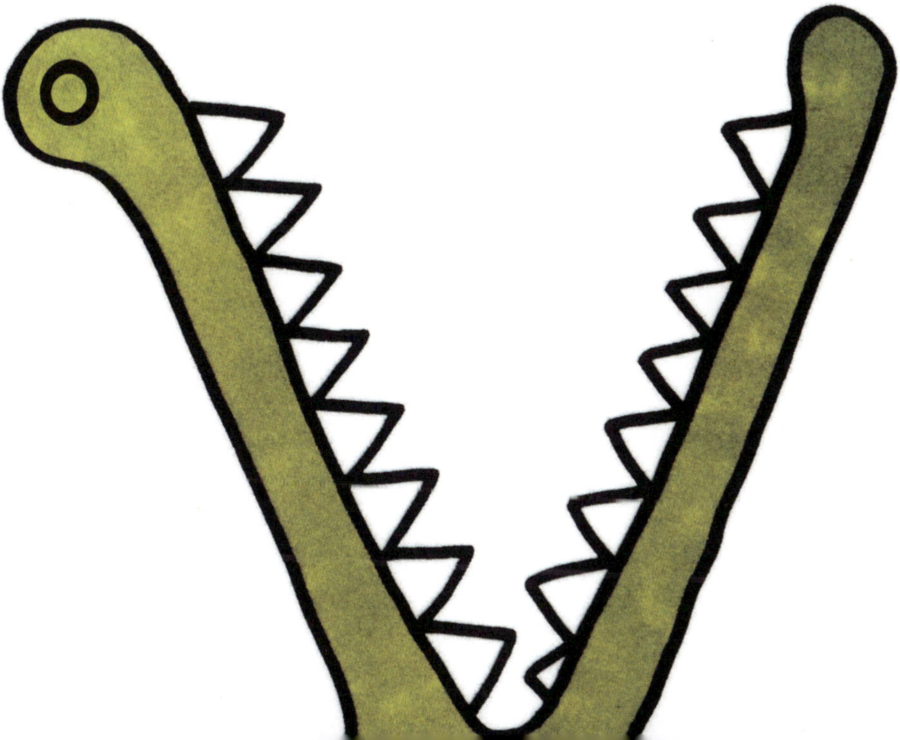

„Oh nein!“, keuchte Jakob, als er unter sich das riesige Maul voller Zähne sah. „Oh nein! Hilfe!“

Mister Träumer, der mit dem Kopf nach unten neben ihm schwebte, steckte zwei Finger in den Mund und ließ wieder jenen durchdringenden Pfiff hören, der wohl sein Markenzeichen war.

Und da – gerade als das Krokodilmaul im Begriff war, zuzuschnappen – kam der Riesenvogel vom Himmel geflogen.

Mister Träumer und Jakob landeten geradewegs auf seinem Rücken.

„Puh!“, sagte Jakob.

„Mist!“, sagte das Krokodil.

„Nun, was sagst du? Habe ich dir zu viel versprochen?“, grinste Mister Träumer.

„Ganz sicher nicht!“, antwortete Jakob.

„Ich denke, wir sollten noch ein bisschen nach Australien hinüberschauen“, schlug Mister Träumer vor.

Und so geschah es.

Jakob lernte dort so gut mit dem Bumerang umzugehen, dass er jedes Mal zu ihm zurückkam!

„Und jetzt“, sagte Mister Träumer, „fliegen wir noch zum Nordpol!“

Und so geschah es.

Mister Träumer versank bis zur Nasenspitze in einer Schneewehe.

„Und jetzt“, sagte Mister Träumer, „sollten wir noch dem Wilden Westen einen Besuch abstatten!“

Und so geschah es.

Mister Träumer fand einen riesigen Cowboyhut.

Dummerweise konnte er nichts mehr sehen, sobald er ihn aufgesetzt hatte.

„Jakob!“, rief er unter dem Hut hervor.

„Jakob!“

„Jakob!“

Plötzlich begriff Jakob, dass es nicht die Stimme von Mister Träumer war, die ihn da rief.

Es war die Stimme seines Lehrers.

Und Jakob war auch nicht im Wilden Westen.

Er saß an seinem Pult im Klassenzimmer.

„Jakob“, sagte der Lehrer, „du hast schon wieder geträumt!“

Das stimmte.

Er hatte geträumt!

Aber wisst ihr was?

Träumen ist viel spannender als Geschichtsunterricht!